BÉTON PLASTIQUE

BREVET

DU 10 NOVEMBRE 1859 (N° 42,776)

COIGNET

DEMANDE

D'UN BREVET D'INVENTION

DE QUINZE ANS

POUR LA PRÉPARATION NOUVELLE, LES MOYENS NOUVEAUX DE PRÉPARATION ET LES APPLICATIONS
GÉNÉRALES ET PARTICULIÈRES D'UN NOUVEAU GENRE DE BÉTON, DIT BÉTON PLASTIQUE,

Par M. COIGNET (François), manufacturier à Paris
Représenté par M. Émile BARRAULT, ingénieur civil.

MÉMOIRE DESCRIPTIF

Nous venons indiquer dans le présent mémoire, que nous déposons à l'appui d'une
demande de brevet d'invention de quinze ans, certains procédés propres à donner aux
bétons à base de chaux, une dureté, une cohésion et une imperméabilité capables de leur
permettre de résister aux chocs, à l'usure, au frottement, à l'action des courants des
eaux, à l'action chimique de l'eau de mer et de la plupart des solutions de sels neutres
ou alcalins, à l'action des gelées, aux infiltrations ou absorptions d'eau ou de tout autre
liquide, produites par une pression plus ou moins grande, à l'absorption capillaire des
vapeurs ou des liquides, ou même de la simple humidité, nos procédés nouveaux permettent d'obtenir une plus grande rapidité et une plus grande intensité de prise desdits
bétons à base de chaux.

Les peuples anciens, et notamment les Romains, ont fait emploi des bétons ou mélange
de chaux, de graviers et de sables, dès la plus haute antiquité, et les vestiges qui nous
sont restés de ces travaux, par leur dureté extraordinaire, ont inspiré aux modernes une
haute idée des procédés perfectionnés mis autrefois en usage. Aussi, soit par admiration

de la solidité des maçonneries de bétons, soit par les difficultés qui accompagnent l'extraction, le transport et l'emploi des matériaux naturels, les constructeurs ont toujours tendu à restaurer ce genre de maçonnerie, à employer en un mot les bétons à base de chaux dans les constructions de masses en élévation et exposées à toutes les intempéries.

Sauf quelques succès dus au hasard, et qu'il a été impossible de répéter d'une manière assurée et régulière, ces tentatives sont demeurées sans résultat sérieux jusqu'à ce jour, et si l'on n'a pu encore obtenir, par l'emploi des bétons à base de chaux, des maçonneries capables de demeurer exposées à l'air, à toutes les intempéries, aux gelées, à la chaleur, au sec et à l'humide, sans subir aucune altération, sans se fendre, sans éprouver des retraits, à plus forte raison, l'on n'a pu réaliser des bétons possédant les propriétés d'être imperméables à l'humidité, de résister aux chocs, aux frottements, à l'action des courants des eaux, à l'action chimique de l'eau de mer et des sels, et surtout d'avoir une prise assez rapide pour que les maçonneries de ce genre puissent, en quelques heures, être mises à l'abri des gelées ou de toute autre cause de détérioration. Tous les résultats obtenus avec des bétons à base de chaux, sauf toutefois ceux ayant pour base les chaux de Theil ou ceux à base de cendres de houilles, en usage à Lyon, se bornent à couler du béton dans l'eau ou au-dessous de la surface du sol, en un mot, les bétons à base de chaux ne peuvent être employés que pour des maçonneries soustraites à l'action des intempéries, des infiltrations, des chocs, des frottements, de l'eau de mer, des matières salines.

L'emploi du béton à base de chaux est d'autant plus limité que, par les procédés ordinaires, leur prise exige un temps très long, des semaines, des mois, souvent des années, selon la plus ou moins bonne confection, ce qui en interdit tout emploi dans les constructions en élévation.

Il est vrai que dans ces dernières années, on a eu le vif espoir d'avoir résolu le problème des bétons pour remplacer la maçonnerie ordinaire dans les constructions en élévation et à l'air, en substituant les ciments à la chaux; les résultats n'ont pas répondu aux espérances : les bétons de ciments ont, il est vrai, une prise rapide, ils sont plus denses, plus imperméables que ceux de chaux, ils sont aussi beaucoup plus durs; mais ils coûtent fort cher, leur emploi exige une surveillance de tous les instants, et encore ils ne peuvent supporter l'action des intempéries, et se fendent à l'air; dans la plupart des cas, ils ne résistent pas à la mer et leur destruction ne tarde pas à s'opérer.

Il a fallu se borner à n'employer les bétons de ciments que sous l'eau, ou bien à l'abri de l'action des intempéries.

Le problème tout entier restait donc à résoudre; en voici le point de départ.

Les calcaires naturels, formés de carbonates de chaux, se présentent sous deux états bien distincts.

L'un, dont la craie est le type, offre le carbonate de chaux sous forme pulvérulente et blanche, ou bien en agrégats peu cohérents, dont le poids spécifique est relativement peu considérable.

L'autre, dont le marbre est le type, présente le carbonate de chaux sous forme cristalline demi-translucide, dense, compacte, dure et d'un poids spécifique considérable.

Or, les bétons à base de chaux seront plus ou moins bons selon qu'ils se rapprocheront plus ou moins des deux types que présentent les calcaires naturels; plus ils se rapprocheront de l'état crayeux, plus ils seront mauvais; plus ils se rapprocheront de l'état cristallin de marbre, meilleurs ils seront.

Les procédés mis en usage jusqu'à ce jour ne donnent pour résultat que des bétons à l'état complétement crayeux, et l'on a employé la chaux grasse, ou bien à un état s'en rapprochant du plus ou moins, selon que l'on aura employé des chaux hydrauliques plus ou moins bonnes.

Dans tous les cas, même avec les chaux les meilleures, les bétons obtenus par les moyens mis en usage ne sont jamais à l'état cristallin, translucide et dur du marbre.

J'ai reconnu que cet état crayeux, friable, absorbant, gélif des bétons à base de chaux provenait toujours de la présence d'un excès d'eau et de l'absence d'agglomération. Cet excès d'eau, qui existe toujours, provient soit d'une chaux trop liquide, trop molle, soit de l'emploi d'une trop grande quantité de chaux, soit de l'humidité accompagnant les autres matériaux employés ou provenant de l'humidité atmosphérique; les excès d'eau donnent des bétons mous, demi-liquides; aussi dit-on dans la pratique de la construction que l'on coule les bétons.

Si l'on pilonne ces bétons et si on les masse dans l'intention de les agglomérer, comme ils sont mous et par conséquent très mobiles, ils fuiront et se déplaceront sous le pilou sans s'agglomérer, puis l'eau se séparera de la masse, remplira les vides, et viendra nager à la surface, de telle sorte que le pilonnage ne s'exercera plus que sur de l'eau incompressible.

Des bétons chargés d'eau ne peuvent être agglomérés, et sans agglomération il n'y a pas de bons bétons : l'agglomération rapproche les molécules, donne une espèce de feutrage des matériaux qui resserre, qui comprime la chaux, et permet de réduire dans une grande proportion le volume des matériaux employés, de telle sorte qu'un béton, par le fait de l'agglomération, occupe un espace moindre que s'il n'avait pas été aggloméré.

Et non-seulement l'excès d'eau et de fluidité dans les bétons empêche l'agglomération, mais l'eau, par sa présence, agit physiquement; elle éloigne, elle tient à distance les molécules de chaux qui, ainsi distancées, n'ont plus qu'une prise médiocre; dans ce cas, la chaux demeure à l'état crayeux.

Avec des bétons sans excès d'eau, et assez fermes pour supporter l'agglomération, pour ne pas fuir et se déplacer sous le choc du pilon, les molécules se serrent, se feutrent; la chaux, plus privée d'eau, a une prise plus intense; bref, par l'agglomération et par l'absence d'eau, la chaux acquiert la prise demi-cristalline et translucide du marbre et des calcaires durs.

Pour obtenir des bétons à base de chaux capables, par l'agglomération, d'acquérir une prise rapide, intense, qui les rende insensibles à l'action des intempéries de l'air, assez durs pour résister aux frottements, aux chocs, à l'action des courants d'eau, à celle de l'eau de mer et des matières salines, il fallait trouver des moyens certains, pratiques, réguliers, de n'avoir que la quantité d'eau strictement nécessaire, et de donner une ferneté assez grande pour permettre l'agglomération par le choc des corps durs et pesants.

Cet état du béton offre dans la pratique de bien grandes difficultés, et d'abord il est absolument impossible de l'obtenir toutes les fois que, pour opérer le broyage des bétons, on se sert de la force humaine. En effet, la force des hommes est très limitée et tout à fait insuffisante pour vaincre l'obstacle que présente l'opération du mélange des matières constituant les bétons, n'ayant que la quantité d'eau stricte pour permettre postérieurement l'agglomération desdits bétons; l'homme ne peut opérer ce mélange que si le béton est mou, et si, par conséquent, il contient trop d'eau.

Il résulte de là que tout béton broyé à mains d'hommes, ayant toujours trop d'eau (sans quoi il ne pourrait être broyé), est trop mou et ne peut être aggloméré; la chaux reste donc à l'état crayeux. Toutes les tentatives de construction au béton, à l'air libre, ont dû naturellement échouer, lorsque le broyage a été opéré à bras d'hommes, et il était impossible qu'il en fût autrement.

L'emploi de machines plus puissantes que le bras de l'homme est, en conséquence, indispensable.

Mais il ne suffit pas d'employer des machines puissantes pour obtenir des bétons qui, par l'agglomération, seront capables de donner toutes les conditions de densité, de dureté et de résistance nécessaires; des précautions nombreuses et des moyens divers doivent être employés, et ce sont ces diverses manutentions et procédés nouveaux qui ont été décrits dans les différents brevets et certificats d'addition que j'ai déjà obtenus jusqu'à ce jour.

En effet, le 20 mars 1855, j'ai demandé un brevet qui m'a été accordé sous le n° 22,059, pour un béton économique sans chaux hydraulique, et j'ai déposé successivement des certificats d'addition à ce brevet, aux dates des 30 juin 1855, 28 mars 1856, 13 novembre 1858.

Dans ces divers brevets je disais :

1° Que la chaux devait être éteinte par les procédés ordinaires, mais avec le moins d'eau possible ;

2° Que les matériaux devaient être tenus à l'abri de la pluie;

3° Que le broyage devait être opéré par une machine puissante;

4° Que la quantité de chaux devait être réduite de moitié ou des deux tiers sur les quantités employées ordinairement;

5° Qu'il fallait introduire une certaine quantité de matières pouzzolaniques;

6° Qu'il fallait y introduire du ciment ;

7° Enfin que le béton devait être broyé de manière à être obtenu à l'état de *pâte pulvérulente* ou de *poudre pâteuse*, état qui, seul, permettait l'agglomération.

Au moyen des procédés et moyens décrits dans les spécifications desdits brevets, je suis parvenu à obtenir toujours d'excellentes maçonneries, assez dures, assez compactes, assez résistantes, assez imperméables pour permettre une grande supériorité sur tous les autres genres de maçonneries.

Ces bétons s'agglomèrent assez bien; ils prennent assez rapidement, et, au bout d'un certain temps, ne craignent pas l'action des intempéries; mais, malgré tous les soins, ces procédés laissaient à désirer, et je tombais souvent dans l'un des inconvénients suivants :

Ou mes bétons contenaient encore trop d'eau introduite soit par les places et l'humidité des matériaux, soit par la chaux elle-même, par le fait de la défectuosité des procédés ordinaires, en ce qui concerne l'extinction de la chaux ;

Ou bien les bétons, amenés à l'état de pâte pulvérulente ou poudre pâteuse, manquaient de liant, et, tout en s'agglomérant convenablement, ils n'avaient point d'homogénéité suffisante dans certains cas, et contenaient des vides nombreux.

Dans le premier cas, l'état crayeux se représentait dans de certaines proportions, c'est-à-dire que les bétons, quoique bons, quoique plus durs, plus denses que la plupart des pierres et que toutes les briques, laissaient néanmoins à désirer et ne pouvaient résister efficacement à certains chocs rudes, à certains frottements, au choc des courants d'eau, etc.; d'un autre côté, leur prise n'était pas encore assez rapide, et la gelée pouvait conserver quelque action sur eux pendant plusieurs jours; les bétons obtenus dans cet état demeuraient un peu absorbants; s'ils étaient employés en dallages, en toitures ou en planchers, ils donnaient quelquefois des fissures.

Tandis que, d'un autre côté, si les bétons étaient trop secs et employés à l'état de pâte pulvérulente, les maçonneries obtenues, quoique bonnes également, laissaient aussi à désirer; elles ne résistaient pas à des frottements rudes; de telle sorte qu'en pavages, en trottoirs, en dallages, ils s'égrenaient sous le pied des hommes ou des chevaux, et ne pouvaient résister aux voitures, et en planchers, toitures et soubassements, ils ne résistaient point suffisamment aux chocs et aux frottements. A l'état de citernes, d'aqueducs, elles laissaient filer l'eau pendant les premiers jours, ce qui, dans le cas d'application aux bétons à la mer ou aux dissolutions salines, présentait de graves inconvénients.

Les procédés décrits dans mes brevets, quoique fondés sur des principes justes, quoique donnant de très bons résultats, n'étaient donc point arrivés à la perfection ; il y avait encore à trouver les moyens d'augmenter la rapidité et l'intensité de la prise, la résistance à la gelée et aux intempéries, au choc, aux frottements, à l'action de la mer et des matières salines. Ce sont ces perfectionnements importants que j'ai apportés dans la composition et à la confection des bétons à base de chaux, pour lesquels je demande un nouveau privilége de quinze années. Mes nouveaux procédés ont pour but d'obtenir toujours, en tous lieux, en toutes saisons, avec tous les matériaux, et d'une manière toujours uniforme et régulière, des bétons qui, quoique ne contenant que le minimum d'eau possible, tout en ayant la fermeté la plus désirable pour donner la meilleure agglomération possible, soient néanmoins assez liants, assez plastiques, assez mous, pour s'agglutiner facilement sous le choc d'un corps dur et pesant. Mes procédés nouveaux s'appliquent à la manutention de la chaux même, à l'emploi des matières pouzzolaniques, à la préparation des sables, et au broyage des bétons.

Préparation de la chaux.

Dans les procédés ordinaires, aussi bien que dans les procédés décrits dans mes brevets antérieurs, la chaux s'emploie des deux manières suivantes :

Dans le premier cas, les pierres de chaux, telles qu'elles sortent du four, sont jetées par couches minces et successives dans de l'eau où l'extinction a lieu, de manière à former une bouillie plus ou moins épaisse ; c'est le moyen le plus répandu et, pour ainsi dire, le seul connu jusqu'à ces derniers temps.

Dans le second cas, les pierres de chaux sont légèrement arrosées pour obtenir de l'hydrate de chaux en poudre sèche, qui est livrée au commerce ; c'est ainsi que se vendent les chaux de Theil, d'Echony, et presque toutes les chaux actuellement employées dans les travaux de grande importance ; cette chaux en poudre est d'un facile emploi, car il ne s'agit plus que de la délayer dans une certaine quantité d'eau pour obtenir, comme avec la chaux en pierres, une bouillie plus ou moins épaisse.

De telle sorte que, dans les deux cas, le résultat final de l'extinction de la chaux avant l'emploi, est une pâte molle, une bouillie de chaux.

Or, en cet état, cette chaux contient toujours trop d'eau et donne des bétons trop mous pour pouvoir être parfaitement agglomérés ; il était donc de toute nécessité pour moi d'éteindre la chaux avec moins d'eau et d'obtenir une pâte beaucoup plus ferme.

Il est impossible d'obtenir ce résultat avec la chaux en pierre éteinte d'un seul jet dans des fosses ; si l'on diminue la quantité d'eau, il se produit à l'instant ce qu'on nomme des *incuits*, c'est-à-dire des parties de chaux qui, n'étant qu'à moitié éteintes faute d'eau, finissent de s'éteindre dans le sein même de la maçonnerie faite, ce qui en compromet la solidité.

Je n'ai trouvé aucun moyen d'éviter cet inconvénient, et j'ai renoncé à l'extinction directe de la chaux en pierre. Donc, j'emploie la chaux déjà éteinte en poudre, mais si j'y mets assez d'eau pour obtenir une bouillie épaisse, soit environ 50 pour 100 du volume de la chaux, cette bouillie contient trop d'eau et ne donne que des bétons mous et ne pouvant supporter qu'une agglomération insuffisante.

Si, au contraire, je réduis la quantité d'eau, au lieu d'obtenir une pâte molle, une bouillie, je n'obtiens qu'une chaux à l'état de poudre humide, sans liant, sans onctuosité, de telle sorte que cette chaux pulvérulente, mélangée avec le sable, au lieu de l'emporter, de le lubréfier, de le baigner, en demeure séparée, se loge dans les vides du sable et n'agit plus comme chaux, mais comme matière inerte, d'où résulte des bétons sans liant, non plastiques, pulvérulents, secs, et ne donne que de médiocres résultats au point de vue de la résistance et de la dureté.

J'ai enfin reconnu que pour éviter ces deux écueils, je pouvais réduire la quantité d'eau nécessaire pour achever l'extinction de la chaux en poudre jusqu'à n'obtenir qu'une chaux pulvérulente, à la condition d'opérer le broyage de cette poudre de chaux humectée dans une machine quelconque, et cela jusqu'à ce que cette chaux soit arrivée à l'état d'une pâte gluante, épaisse, plastique, qui, en cet état, se lie aux sables, les enveloppe, les agglutine, de manière à ce que le mélange lui-même peut acquérir un état de liant, de gluant, de plastique très facile à reconnaître.

Ce broyage préalable de la chaux après l'extinction et avant tout mélange avec les autres matières du béton, est une opération capitale, décisive, d'où dépend, pour ainsi dire, la valeur du béton obtenu.

Par ce moyen, je proportionne toujours la dose d'eau à la qualité de la chaux; cette dose varie de 30 à 40 litres par hectolitre de chaux en poudre, selon la qualité de la chaux; le résultat toujours identique et nécessaire est d'obtenir, pour un broyage préalable, une pâte de chaux, quoique très ferme, bien gluante, plastique, onctueuse, état de la chaux tout à fait obligatoire, et que l'on ne peut réaliser que par le broyage préalable à l'emploi.

Préparation des sables et des matières pouzzolaniques.

Il faut si peu d'eau pour rendre les bétons trop mous et pour empêcher l'agglomération, qu'il est nécessaire d'éviter que le sable ne soit un peu trop humide, et l'on conçoit qu'il l'est presque toujours, soit par le fait des pluies, soit parce qu'en général on l'extrait des rivières ou des terrains humides.

Aussi les bétons pourraient être trop mous, si on employait des sables humides, même en employant de la pâte de chaux très ferme, obtenue avec le minimum d'eau par le broyage préalable, comme il a été expliqué plus haut.

Il faut donc, par un moyen quelconque, priver le sable de son humidité, du moins quand cela est nécessaire, car il peut arriver en plein été, par exemple, que les sables soient suffisamment secs, sans qu'il soit besoin d'employer aucuns moyens de dessication artificiels.

Pour dessécher les sables, j'emploie deux procédés également sûrs et bons, dont voici le premier :

J'introduis le sable, par un moyen quelconque, dans une capacité fermée, une cuve, un cylindre ou une caisse en métal, en béton, en maçonnerie ou toute autre matière.

Par le sommet de la capacité fermée, je foule par un système quelconque de l'air surchauffé par la chaleur perdue des fourneaux par un foyer spécial, etc., enfin, de toute manière, quelle qu'elle soit; cet air, par la pression, traverse le sable de haut en bas et s'échappe par une issue réservée en bas avec l'humidité qu'il enlève.

Quand le sable est sec, on le tire par une ouverture convenable, et on le remplace par du sable humide.

Ce moyen peut être préféré, dans certains cas, à ceux que je vais indiquer; les bétons qui en résultent sont plus lourds, plus denses, plus compactes, plus résistants.

Ce procédé a surtout l'avantage de pouvoir donner des sables chauds dont la chaleur augmente énormément la rapidité de la prise des bétons et la prompte faculté de résister aux gelées.

On pourrait également employer avec avantage la vapeur d'eau ordinaire ou surchauffée à la dessication et à l'échauffement des sables, mais ce système est moins bon que le premier, car il a l'inconvénient de laisser une trop grande humidité.

La dessication et l'échauffement des sables exigent toujours des appareils volumineux; dans le cas où il serait difficile de s'en procurer, je supplée à cet inconvénient par l'emploi des matières pouzzolaniques, telles que cendres de houilles, briques pilées, terres plus ou moins argileuses cuites, pouzzolanes naturelles quelconques, et voici comment on procède.

Lorsque par l'emploi de sables humides, par les mauvais temps, je me trouve avoir des bétons trop mous, malgré l'introduction de pâte de chaux très épaisse, j'ajoute alors au mélange de chaux et de sables des matières pouzzolaniques bien sèches en quantité proportionnelle à l'état de mollesse et d'humidité du béton; cette quantité varie ordinairement du huitième au vingtième du volume du béton.

Cette matière pouzzolanique qui est sèche et très avide d'eau, se trouvant au contact du mélange de sable humide et de chaux en pâte, absorbera instantanément une partie notable de cette humidité.

L'introduction des matières pouzzolaniques dans les bétons a donné, en général, des résultats si incertains et souvent si négatifs dans les procédés ordinaires, que l'usage des pouzzolanes est tombé en désuétude; cet abandon des pouzzolanes a eu pour cause la conception généralement adoptée, que ces matières exerçaient une action chimique sur les bétons, de laquelle action chimique serait provenu le durcissement que l'on avait pensé obtenir.

On supposait généralement que les silicates, l'alumine et les toxides de fer contenus ordinairement dans les pouzzolanes donnaient lieu à la formation de sel double d'alumino et de chaux ou à toute autre combinaison chimique.

Mais c'était une simple hypothèse, que les faits et la pratique n'ont point confirmés; et alors, à défaut d'une théorie plus claire, les matières pouzzolaniques ne sont employées dans la pratique actuelle qu'au hasard et suivant l'impression de l'opérateur.

De mon côté, j'ai acquis la preuve du peu d'importance de l'action chimique des pouzzolanes; j'ai fait des essais suivis et dans des conditions identiques de toutes les matières pouzzolaniques que j'ai pu imaginer, sables argileux cuits, cendres de tourbe, de houille, de bois; oxydes de fer, briques, tuiles pilées, terres cuites diverses, pouzzolanes de divers pays, etc., et j'ai vu d'une manière irréfutable que toutes les fois que j'ai introduit des pouzzolanes humides ou en quantité insuffisante, j'avais des bétons trop mous, à prise lente, spongieux, gélifs, absorbants, friables, et tous ces défauts existaient au même degré pour toutes les matières pouzzolaniques, sans que jamais j'en aie trouvé aucune qui donnât de meilleurs résultats que les autres.

Par contre, j'ai reconnu qu'avec ou sans pouzzolanes, j'obtenais des bétons denses, imperméables, résistant aux gelées, toutes les fois que ledit béton était assez ferme pour être aggloméré, d'où j'ai conclu cette théorie nouvelle:

1° Qu'étant donné une certaine chaux (car la quantité plus ou moins bonne de la chaux joue un rôle important), la bonté des bétons était proportionnelle à leur état d'agglomération;

2° Que l'introduction des pouzzolanes dans les bétons avant le broyage, était un moyen certain et facile à employer pour abaisser le degré d'humidité des bétons, de manière à arriver toujours à un même état de fermeté des bétons, état le plus propre à l'agglomération.

Cette théorie, qui ne m'a jamais fait défaut, fait jouer aux matières pouzzolaniques, dans nos procédés, le rôle de matières hygrométriques, servant à ramener les bétons à l'état convenable pour l'agglomération par l'absorption des liquides en excès.

Des ciments.

Dans les cas ordinaires, lorsqu'il s'agit de construire des murailles, des masses de maçonnerie, n'ayant à résister qu'à l'action atmosphérique, et surtout lorsque, ayant du temps devant soi, on n'a rien à redouter des gelées, en un mot, quand on n'a pas besoin d'obtenir une dureté instantanée, on obtiendra toujours la plus excellente maçonnerie par le simple mélange de la chaux et du sable sec, ou de la chaux, du sable et des matières pouzzolaniques, pourvu que l'agglomération ait été bien faite. En moins de quelques jours, cette maçonnerie atteindra une grande dureté, qui ira toujours croissant régulièrement jusqu'à un degré tel que nul ciment ne pourrait permettre de le dépasser; c'est une question de temps.

Mais quand il s'agit de résister à des gelées imminentes ou bien à l'action érosive des eaux, ainsi que cela a lieu dans les travaux à la mer ou dans les travaux hydrauliques, quand on veut obtenir une grande dureté et une prise rapide, ainsi que cela a lieu pour les trottoirs, chaussées, dallages d'écuries et d'appartements, pour les planchers et pour les toitures, pour les soubassements des bâtiments quelconques, etc., l'introduction des ciments dans les bétons devient, sinon nécessaire, du moins essentiellement utile.

Ces ciments, tels que ceux de *Portland*, de *Boulogne*, de *Vassy*, de *Pouilly*, de *Grenoble*, ou tous autres quelconques, sont introduits dans le béton avant le broyage et en même temps que tous les autres éléments, la chaux, les sables et les pouzzolanes; ces ciments ne doivent être introduits qu'en petite quantité, un dixième au plus du volume de l'ensemble des matières employées, et le plus souvent un vingtième ou même un trentième seulement.

Ces ciments se mêlent entièrement par le broyage avec les autres matériaux et forment avec eux un tout bien homogène.

Grâce à l'introduction de cette faible proportion de ciment, le béton obtenu acquiert une rapidité de prise, une dureté, une densité qui dépasse celle des bétons de ciments purs, mais employés suivant les procédés ordinaires.

Comment se fait-il donc que l'introduction d'un dixième, d'un quinzième, d'un trentième de ciment donne des résultats supérieurs à ceux que l'on obtient par les procédés ordinaires en employant la moitié ou le tiers de la masse?

Cela provient de ce que cette faible proportion de ciment, au lieu d'être délayée dans un excès d'eau comme par les procédés ordinaires, se trouve au contact de matières à peine humides, de telle sorte que les molécules de ciment, n'étant elles-mêmes qu'humectées et non point noyées, suivant l'énergique expression de la pratique, subissant en outre le broyage et une compression énergique, tendent à se rapprocher et donnent lieu à une prise plus énergique et plus profonde.

En plus de leurs propriétés spéciales, les ciments agissent aussi comme pouzzolanes, et favorisent l'agglomération.

En effet, les ciments sont très avides d'eau et agissent en conséquence dans les bétons en absorbant une partie de l'eau contenue, ce qui facilite l'agglomération, et par conséquent la bonté des bétons.

Avec l'introduction d'un trentième de ciment, je puis obtenir une prise assez rapide pour que des bétons ordinaires n'aient rien à craindre de la gelée au bout de vingt-quatre heures.

Avec un quinzième, on peut faire des dallages ou trottoirs que l'on peut livrer aux piétons au bout de vingt-quatre heures.

Avec un dixième de ciment, je puis faire des pierres factices dures, telles que dalles, pavés, marches d'escaliers, etc., tous résultats qui, par les procédés ordinaires, ne pourraient être obtenus, même en employant un demi ou un tiers du volume de ciment.

Du broyage.

Le broyage doit s'exercer sur des matières hétérogènes à peine humides, la chaux, les sables, les pouzzolanes, les ciments, et doit amener ces matières à un état parfait de mélange et d'homogénéité; ce broyage présente, on le conçoit, de grandes difficultés, et exige une grande puissance; il ne peut être opéré à bras d'hommes, car les forces humaines sont insuffisantes, l'emploi de machines est donc nécessaire.

Quelle que soit la machine dont on se servira, elle doit opérer tout à la fois le mélange et la compression; le mélange seul ne suffirait pas pour amener des matières pulvérulentes à l'état de poudre pâteuse, comme il est dit dans mes précédents brevets.

Bien plus, cet état de poudre pâteuse, ainsi que je l'ai reconnu, ne suffit pas lui-même pour fournir des bétons ayant le *maximum de bonté*. Pour obtenir ce *maximum*, il est nécessaire, par la durée du broyage et l'intensité de la compression, d'amener le mélange de l'état de pâte pulvérulente ou de poudre pâteuse que j'avais indiqué dans mes précédents brevets, et que je croyais suffisant (ce qui n'était pas), à celui de *pâte plastique* épaisse, à peu près analogue à l'état des terres de potier, bien broyées et bien fermes. Cet état nouveau doit être obtenu *sans addition d'eau ni d'aucun corps humide*, car alors le béton serait trop mou et ne s'agglomérerait pas.

Ainsi, si pour acquérir le broyage, on se sert d'un appareil à jet continu, laissant sortir le béton par un orifice, ce béton doit être moulé par cet orifice, comme il arrive pour les terres à potier ou les macaronis.

On reconnaît de suite que le béton est arrivé à cet état de plasticité dû à l'excès de broyage, lorsqu'en en prenant dans la main et en faisant une boule, cette boule se moule facilement dans la main et oppose ensuite une résistance très prononcée, due à l'état gluant et plastique lorsqu'on veut la rompre.

Cette épreuve de la mise en boule servira à reconnaître si le béton est arrivé à l'état convenable, dans le cas où on emploierait toutes autres machines que les machines à jet continu.

Lorsque le béton contient trop d'eau, la rupture de la boule s'opérera sans résistance.

Le sus-broyage que je viens d'indiquer, et qui donne sans addition d'eau une pâte plastique au lieu d'une poudre pâteuse ou d'une pâte pulvérulente, est la condition absolument nécessaire pour obtenir le maximum de dureté, de densité, de résistance et d'imperméabilité des bétons.

Cet état est le seul qui permette aux bétons de résister à l'eau de mer, à l'action du courant des eaux, aux gelées, aux intempéries, aux frottements, aux chocs, aux infiltrations, etc., car ce sus-broyage, par le rapprochement énergique des molécules et l'absence d'eau et la facilité d'agglomération, donne seul aux chaux qui forment la base des bétons la prise cristallisée du marbre, et l'état moléculaire des calcaires durs.

Un broyage insuffisant et un excès d'eau donnent au contraire à la chaux la prise crayeuse.

De tout ce qui précède, il résulte que j'ai imaginé et combiné des moyens perfectionnés et nouveaux qui me permettent d'obtenir des bétons qui, moulés et agglomérés à la machine, acquièrent une dureté, une densité, une cohésion, une résistance qui leur permettent de résister à l'action destructive des divers frottements et usures par tous corps durs, à l'action de l'eau de mer et des dissolutions salines, à l'action du courant des eaux, aux infiltrations d'eaux, à l'absorption capillaire des liquides, des vapeurs ou de l'humidité, tandis que par les procédés décrits dans mes anciens brevets, j'obtenais, il est vrai, des bétons très bons relativement à la pierre et à la brique, mais cependant de beaucoup inférieurs à ceux que j'obtiens aujourd'hui par les procédés nouveaux qui forment l'objet et la base du présent brevet.

Je puis donc établir et réaliser dans de bonnes conditions par mes nouveaux procédés :

1° Tous trottoirs bordant les rues et les routes, toutes aires, tous dallages d'écuries, de rez-de-chaussée, etc.;

2° Toutes chaussées à piétons ou à voitures, pour couvrir les rues et les routes, et remplacer les pavés, les dalles et le macadam;

3° Tous travaux destinés à couvrir les voies de chemins de fer et destinés à former un monolithe sur lequel on pourra fixer les rails ou autres engins;

4° Tous blocs propres à sceller, à fixer au sol les machines quelconques, à vapeur et autres;

5° Tous piliers propres à être employés dans les galeries de mines de houille ou autres, à supporter des terrains et à élargir des galeries, et ce, en remplacement des bois actuellement et presque exclusivement employés jusqu'à ce jour;

6° Toute route de grande portée ou de grande dimension;

7° Tous bâtiments destinés à être élevés à une grande hauteur, et devant par conséquent résister à l'écrasement;

8° Tous travaux d'art, de chemins de fer exigeant une grande solidité, tels que tunnels, viaducs, ponts, fosses de plaques tournantes, piliers de réservoirs, surfaces de voies dans les gares ou sur les parcours de la ligne;

9° Toutes pierres factices, devant résister au choc, à l'usure, à l'écrasement, tels que pavés, dalles, marches d'escaliers, bordures de trottoirs, bahuts, bornes, pierres de soubassement, jambages et travaux de portes et fenêtres;

Tous pilastres, balustres et pierres avec moulures et ornements;

10° Tous parements de maçonnerie pour les remparts, fossés et talus de fortifications, l'intérieur des remblais pouvant être soit en terre, soit mieux en bétons ordinaires.

Je puis encore, par le fait de la dureté, de la résistance à la mer et de l'imperméabilité, faire:

1° Tous les travaux à la mer, tels que digues, jetées, quais, barrages, écluses, épis, bassins de carénages et de radoubs ou autres, docks, phares, etc.;

2° Tous travaux d'hydraulique faits à terre, sans exception, et devant résister à l'action des courants d'eaux, aux infiltrations, à l'écrasement et à la poussée, tels que digues, quais, écluses, barrages, ponts avec leurs piles et culées, ponceaux, viaducs, citernes voûtées ou à découvert, fosses d'aisances, égouts, aqueducs, canaux, réservoirs d'eau ou de tous autres liquides, fosses de gazomètres, etc.

Je puis encore, par le fait de la dureté et de l'imperméabilité, faire tous silos et magasins propres à l'emmagasinement et à la conservation de toutes les denrées solides ou liquides, faire tous planchers et toutes toitures en terrasses ou en voûtes.

Enfin, par le fait de la dureté, de l'imperméabilité, de la résistance aux chocs et aux frottements et particulièrement de la rapidité et de l'intensité de la prise, je puis construire, ce qui ne s'est jamais fait, en pleine mer, sans craindre l'action des vagues, ou bien dans l'eau, et faire par conséquent toutes piles de ponts, aqueducs, quais, en un mot, tous travaux destinés à être promptement soumis à l'action des eaux.

Je puis encore, ce qui n'est pas moins important, construire en plein hiver, en s'abritant pendant quelques heures seulement, les travaux faits avec les bétons plastiques de mon système, et je n'ai plus alors rien à craindre des plus rudes gelées.

Toutes les applications que je viens d'énumérer et bien d'autres encore n'ont jamais pu être faites avec succès, d'une manière régulière et durable jusqu'à ce jour.

Ayant ainsi détaillé l'objet de mon invention et les moyens de la mettre en pratique, je revendique, conformément à la loi:

1° L'exploitation exclusive du béton obtenu à l'état plastique, que nous avons défini dans ce mémoire, état complétement nouveau et qui ne peut être obtenu que par l'emploi combiné d'une quantité d'eau très minime, relativement à tout ce qui s'est fait jusqu'à ce jour, et d'un sus-broyage énergique, opéré par des machines qui exécutent en même temps la compression du mélange.

Il nous sera facultatif de varier les matières employées, les machines dont on se servira, et les moyens de réduire au *minimum* la quantité d'eau constitutive de ces nouveaux bétons, dit plastiques.

2° L'emploi, pour la confection des bétons, de la chaux éteinte en poudre, dans les conditions indiquées plus haut dans ce brevet, quels que soient, du reste, les moyens ultérieurs employés pour la confection de ces bétons.

3° De la préparation des bétons au moyen de la chaux éteinte en poudre, employée une heure ou deux seulement après l'extinction, ce qui permet de profiter de toute l'énergie de la prise.

Ce mode de travail étant en opposition complète avec toutes les recommandations faites par les règlements de travaux publics, qui prescrivent de n'employer les chaux que vingt-quatre heures après l'extinction.

Cette chaux devant être éteinte avec une quantité d'eau moindre que celle ordinairement employée et devant ensuite être ramenée à l'état de pâte gluante et plastique par un broyage préalable.

4° Du système de séchage préalable des sables, servant à confectionner les bétons à base de chaux, par les moyens spéciaux indiqués dans le présent mémoire.

5° Pour l'emploi des matières pouzzolaniques indépendamment de leurs qualités, dans des conditions spéciales de dosages, et comme matières hygrométriques, dans le but de déterminer, d'absorber l'humidité des bétons, pour leur permettre de s'agglomérer facilement.

La quantité des matières pouzzolaniques à introduire dans les bétons sera proportionnelle à la quantité d'eau en excès que contiennent les bétons et que ces matières pouzzolaniques doivent absorber.

6° Pour l'emploi dans les bétons à base de chaux préparée par notre système, de tous genres de ciments dans des proportions spéciales qui sont considérablement moindres que celles en usage jusqu'à ce jour, puisque ces proportions sont au plus au dixième environ du volume des autres matières, au lieu d'être de moitié ou du tiers de la masse comme autrefois.

L'emploi restreint des ciments pour donner des qualités supérieures aux bétons est un fait d'une importance considérable.

7° Pour la préparation des bétons à un état nouveau, dit plastique, par opposition à l'état de poudre pâteuse ou pâte pulvérulente, que nous avons signalée antérieurement.

Notre préparation ayant pour base l'emploi du minimum d'eau possible et le sus-broyage énergique, sur lequel nous avons insisté dans tout le cours de ce mémoire.

8° Pour le sus-broyage mécanique des bétons préparés avec un minimum d'eau par des moyens quelconques; ce sus-broyage pouvant avoir lieu par toutes machines convenables, agissant pour comprimer et broyer les bétons en même temps.

9° Pour la combinaison spéciale et nouvelle des divers moyens physico-chimico-mécaniques décrits dans le présent mémoire, pour obtenir des bétons à base de chaux, ayant une dureté, une cohésion et une imperméabilité capables de leur permettre de résister aux chocs, aux frottements, à l'usure, à l'action des courants d'eau, à l'action chimique de l'eau de mer et de la plupart des solutions de sels neutres ou alcalins, à l'action des gelées, aux infiltrations ou absorptions d'eau ou de tous autres liquides, produites par une pression plus ou moins grande, à l'absorption capillaire des vapeurs ou des liquides ou même de la simple humidité.

Les bétons obtenus par les procédés qui sont décrits dans ce brevet jouissent d'une rapidité et d'une intensité de prise inconnue jusqu'à ce jour.

10° Des applications diverses énumérées dans le présent mémoire et de toutes celles qu'il est possible de faire par l'emploi de nos bétons plastiques.

Paris, le 18 novembre 1859.

Par procuration de M. Coignet.

Signé : Emile Barrault.

BÉTON PLASTIQUE

ADDITION

AU BREVET DU 10 NOVEMBRE 1859 (N° 42,776)

COIGNET

(26 décembre 1859)

DEMANDE

D'UN CERTIFICAT D'ADDITION

AU BREVET DU 10 NOVEMBRE 1850 (N° 42,776)

POUR LA PRÉPARATION NOUVELLE ET LES APPLICATIONS GÉNÉRALES ET PARTICULIÈRES D'UN
NOUVEAU GENRE DE BÉTON, DIT BÉTON PLASTIQUE

Par M. COIGNET (François), manufacturier à Paris
Représenté par M. Émile BARRAULT, ingénieur civil à Paris

MÉMOIRE DESCRIPTIF

La présente addition a pour objet d'indiquer l'introduction facultative dans les bétons de mon système, pierres factices, etc., de clous à deux têtes, crampons de fer déliés d'une forme convenable et appropriée, et en général de tous fers affectant des formes irrégulières.

On pourra disposer les fers que l'on veut introduire de manière à ce qu'ils s'enlacent ensemble et constituent, par leur réunion et leur assemblage, un nouveau moyen de solidarisation des bétons et des pierres factices, destinés à accroître la résistance de ce genre de constructions.

Avec cette introduction du fer dans les conditions plus haut indiquées, on pourra obtenir une réduction considérable dans les épaisseurs à employer pour les constructions en béton plastique. On arrivera également à donner à ces bétons une résistance extraordinaire à l'arrachement comme à la rupture.

Par l'emploi de ces dispositions, on n'aurait pas à craindre les gerçures qui se produisent souvent par l'inégalité des dilatations; du reste, on se rend assez bien compte qu'une pierre dure, peu conductrice, ne subit l'influence de la température qu'à une faible profondeur, et c'est pour nous un fait constant que le mélange du fer et du béton comprimé ne peut donner lieu à aucun accident de ce genre.

On pourra, comme nous l'avons déjà dit, employer des fers sous des formes appropriées aux applications de nos bétons; ainsi un enlacement de tiges en fer fin sera d'un bon usage dans la construction de tuyaux de conduites imperméables et résistants.

Notre addition a également pour objet d'indiquer l'application nouvelle de notre béton plastique, pour constituer tous massifs continus ou discontinus, destinés à protéger les fils télégraphiques.

En résumé, ce que nous revendiquons, c'est l'annexion à notre privilége :

1° De la préparation et de l'application nouvelle de bétons plastiques, contenant des morceaux de fer de formes irrégulières, tels que clous, clous à deux têtes, crampons, fils de fer, etc., etc.;

2° De l'introduction dans les bétons plastiques de fers présentant des formes irrégulières, pouvant s'enchevêtrer et s'enlacer, afin de constituer des bétons essentiellement solidarisés et résistant à l'arrachement et à la rupture dans d'excellentes conditions industrielles.

3° De l'application nouvelle des bétons à la protection des fils télégraphiques.

Paris, le 26 décembre 1830.

Par procuration de M. Coignet,

Signé : EMILE BARRAULT.

BÉTON PLASTIQUE

ADDITION

AU BREVET DU 10 NOVEMBRE 1859 (N° 42,776)

COIGNET

(6 février 1860)

DEMANDE

D'UN CERTIFICAT D'ADDITION

AU BREVET DU 10 NOVEMBRE 1859 (N° 42,710)

POUR LA PRÉPARATION NOUVELLE, LES MOYENS NOUVEAUX DE PRÉPARATION ET LES APPLICATIONS GÉNÉRALES ET PARTICULIÈRES D'UN NOUVEAU GENRE DE BÉTON, DIT BÉTON PLASTIQUE,

Par M. COIGNET (François), manufacturier à Paris
Représenté par M. Emile BARRAULT, ingénieur civil.

MÉMOIRE DESCRIPTIF

En continuant mes travaux et mes expériences, je suis encore arrivé à de nouvelles améliorations de mon béton plastique, par l'adoption du système de travail suivant :

Après avoir préparé et dosé les matières qui composent mon béton plastique dans les conditions que j'ai établies dans mon brevet principal, au lieu d'y introduire le ciment d'un seul coup, et de broyer ensuite le mélange de toutes les matières, je commence par broyer le béton une première fois et j'y ajoute seulement une partie, par exemple la 1/2, du ciment qui doit être employé finalement et toute la pouzzolane.

Une fois broyé, je laisse ce béton au repos pendant un temps plus ou moins long, selon la rapidité de prise des ciments employés; mais dans tous les cas, pendant un temps suffisamment long pour que ces ciments et cette pouzzolane aient absorbé toute la quantité d'eau convenable.

Quand l'absorption a eu lieu, et dans tous les cas, avant que le ciment employé ait pu commencer sa prise, on fait subir à ce béton un deuxième broyage pendant lequel on introduit la deuxième partie du ciment non introduite au premier broyage.

Cette manière d'opérer donne pour résultat un béton infiniment plus homogène et plus plastique, d'où résulte une intensité et une rapidité de prise plus grande que par les procédés du brevet principal.

Ce résultat doit être attribué en grande partie à ce que la quantité de ciment introduite dans le premier broyage fait l'effet de chaux sur-hydraulique, perdant, par le mouvement du broyage, la propriété de rapidité de prise, ce qui ne diminue en rien la dureté que le béton acquiert plus tard avec le temps, mais ce qui contribue pour beaucoup à augmenter la plasticité.

Cette augmentation de plasticité, dans la plupart des cas, permet d'introduire dans la masse du béton une quantité plus considérable de matières inertes, telles que sables ou autres, d'où résulte une plus grande économie et une propriété plus grande de résistance à toute espèce de retrait.

La rapidité et l'intensité de la prise sont telles par ce procédé qu'il devient possible de se servir de bétons ainsi obtenus pour remplacer toutes espèces de pavage, dallage et macadam en recouvrant les chaussées d'une couche plus ou moins épaisse de ce béton aggloméré, comme nous l'avons dit.

Au moyen de ce béton, on peut aussi, par agglomération ordinaire, opérer, soit à main d'homme, soit par machine quelconque, des pierres factices extrêmement dures, telles que pavés, dalles, marches d'escalier, pierres d'éviers, colonnes, meules à aiguiser et meules à moudre, etc.

En outre, la possibilité d'obtenir un béton aussi dur, entre autres applications, permet d'établir un système de construction de voie de chemin de fer différent de celui qui existe aujourd'hui.

Afin de bien faire saisir ma pensée, j'ai joint à ce mémoire un dessin qui représente les dispositions que je propose d'adopter de préférence avec l'emploi de mon béton plastique. On peut prendre un rail, comme A, que l'on place dans une feuille de caoutchouc, gutta-percha ou matière élastique B, et qui se trouve encastrée dans une longuerine C, en béton plastique.

Les rails A se trouvent soutenus de chaque coté, sur toute leur longueur, par des longuerines de béton C, qui sont elles-mêmes reliées par une chaussée D, également en béton ; cette chaussée D est destinée à solidariser les longuerines C.

Au lieu d'employer des rails comme ceux A, on peut adopter des rails A semblables à ceux que fabriquent aujourd'hui les forges de la *Providence*, et dont le rebord a donnera plus de stabilité aux rails, qui rencontrera également une résistance plus grande dans le massif de béton des longuerines, dont une surface plus grande pourra résister à tous les efforts de renversement que subira le rail.

On pourrait encore adopter le modèle A″, indiqué *fig. 3*, et qui fournirait les mêmes avantages, sans présenter toutefois la même harmonie de formes.

Avec quelque forme que ce soit, le rail sera toujours enveloppé de caoutchouc ou d'une matière élastique, qui donnera une certaine élasticité et permettra de le retirer au besoin, sans briser le béton, chose qui pourrait être assez difficile, surtout après quelque temps de service.

On aura, par ce système, toute l'élasticité convenable, et le rail se trouvera complétement maintenu de toute part et sur toute sa longueur, ce qui permettra de restreindre les dimensions et le poids, sans en altérer la résistance.

En résumé, je revendique, conformément à la loi, l'annexion à mon privilége :

1° D'un système d'un double ou multiple broyage, avec introduction du ciment en deux ou plusieurs fois, les opérations étant suspendues entre chaque broyage pendant un temps convenable, dont l'appréciation est déterminée comme il a été plus haut indiqué ;

2° Des dispositions spéciales des constructions des chemins de fer à l'aide du béton plastique, comme il a été plus haut exposé et indiqué à l'aide du dessin annexé.

Paris, le 6 février 1860.

Par procuration de M. Coignet,

Signé. E. BARRAULT.

BÉTON PLASTIQUE

ADDITION

AU BREVET DU 10 NOVEMBRE 1859 (N° 42,776)

COIGNET

(13 octobre 1860)

DEMANDE

D'UN CERTIFICAT D'ADDITION

AU BREVET DU 10 NOVEMBRE 1859 (N° 42,776)

POUR LA PRÉPARATION NOUVELLE ET LES APPLICATIONS GÉNÉRALES ET PARTICULIÈRES D'UN NOUVEAU GENRE DE BÉTON, DIT BÉTON PLASTIQUE,

Par M. COIGNET (François), manufacturier à Paris
Représenté par M. Émile BARRAULT, ingénieur conseil

MÉMOIRE DESCRIPTIF

Dans le brevet auquel je demande le présent certificat d'addition, j'ai toujours indiqué l'emploi d'une certaine quantité de chaux; mais, ayant continué mes recherches, j'ai reconnu qu'en certains cas, lorsqu'on veut obtenir une très grande dureté, et lorsqu'il s'agit de faire, par exemple, des chaussées, des pavages, des dallages, des trottoirs même, ces constructions deviendraient inusables si l'on pouvait arriver à supprimer totalement la chaux et à la remplacer entièrement par du ciment. Cette substitution m'avait toujours paru extrêmement difficile, vu la prise rapide et presque instantanée du ciment qui, en apparence, ne laissait pas le temps d'opérer le mélange, ainsi que le broyage énergique avec compression nécessaire pour obtenir de bons bétons agglomérés ou l'agglomération elle-même.

Un examen plus attentif m'a fait constater que, même avec les ciments les plus énergiques et de prise la plus facile et la plus rapide, dès le moment où la prise se manifeste, c'est-à-dire quand le ciment délayé dans l'eau commence à prendre de la fermeté, si l'on agite cette espèce de bouillie de ciment en la remuant avec une spatule ou autrement, on suspend la prise par cette agitation, et on la retarde de plusieurs heures sans en diminuer finalement l'intensité, ce qui donne alors tout le temps de l'employer et de façonner, mouler et agglomérer les bétons qu'on peut aussi obtenir au moyen du ciment pur.

Par le procédé ordinaire, soit à la main, soit au moyen de machines, on délaye le ciment dans un excès d'eau, afin que le délayage soit facile et rapide, et l'on emploie la bouillie liquide ainsi obtenue avec une extrême célérité, et avant toute apparence de prise.

L'on considère comme un vice grave de manutention d'employer les ciments quand la prise est déjà manifestée.

Je procède, au contraire, à l'inverse du procédé ordinaire, car je profite de cette propriété que possède le mouvement de troubler, de retarder la prise des ciments, et pour cela j'humecte les ciments au moyen d'une petite quantité d'eau relativement au procédé ordinaire, et j'opère d'une manière tout à fait analogue à celle que j'emploie pour la chaux.

Mais comme le ciment s'agrège instantanément au contact de l'eau, en faible quantité (agrégation assez énergique pour que l'on ne puisse ensuite désagréger le ciment, ce qui introduirait plus tard dans les bétons des morceaux de ciments agrégés qui ne pourraient ensuite se mélanger),

J'opère l'humectation du ciment dans une auge armée d'un arbre garni de bras ou saillies en tôle de fer, etc., disposés en hélice.

L'hélice, par une rotation continue, agite le mélange de ciment et d'eau, et empêche leur agrégation; du reste on peut employer tout autre moyen d'agitation au moment où l'eau humecte le ciment.

Avant que la prise n'ait commencé (de même que je fais pour la chaux et comme je l'ai indiqué au brevet principal), je soumets ce ciment humecté à un broyage énergique en opérant la compression; ce broyage rapproche les molécules, et le ciment, quoique imbibé de très peu d'eau, donne à la sortie du broyeur une pâte plastique et ferme.

Dans son mélange ultérieur avec du sable (mélange qui doit s'opérer avant que la prise ne se manifeste de nouveau), le ciment en pâte plastique lubréfie facilement le sable, tandis que si l'on employait le ciment à l'état de poudre humide sans broyage préalable, le mélange ne s'opérerait pas et le ciment resterait en parcelles ou morceaux séparés du sable.

Au sortir de cette opération, j'introduis ensuite une partie de la pâte de ciment, ferme, plastique et gluante dans la machine à broyer le béton, et j'introduis en même temps deux ou trois parties de sable de bonne qualité, et je broie énergiquement le tout ensemble avec compression.

Au fur et à mesure de la sortie des matières du broyeur, j'en fais un tas, que je laisse au repos pendant quelques minutes, puis j'introduis à nouveau ce mélange obtenu dans le second broyeur, en y ajoutant une quantité de sable plus ou moins grande, selon l'emploi que l'on veut faire du béton.

Dans tous les cas, le béton de ciment pur, comme celui à base de chaux, doit être obtenu à la suite du second broyage à l'état de pâte ferme, plastique, formant la boule sous la pression des mains et opposant une résistance prononcée à l'arrachement quand on en fait une boule avec les mains.

On voit qu'il faut, de même que pour la chaux, humecter et éteindre le ciment avec la moindre quantité d'eau possible, afin d'obtenir une pâte ferme et résistante, sans laquelle l'agglomération ne pourrait avoir lieu.

Tandis que par les procédés ordinaires, les ciments sont employés subitement et avant toute apparence de prise à l'état de bouillie liquide et sans consistance, état qui rend toute agglomération impossible, et qui ne peut donner que des bétons infiniment moins bons que ceux que j'obtiens, vu la présence d'un excès d'eau qui éloigne les molécules et empêche la cristallisation.

Ce que je viens de dire explique le travail de retrait et les fendillements qui se produisent à la longue dans toute construction faite en ciments préparés par les procédés habituels.

J'ai imaginé dans mon brevet principal, comme principales applications, l'emploi du béton aggloméré à base de chaux à la construction de toutes habitations, usines, ateliers, théâtres, églises, salles de réunion, etc., en un mot, tous bâtiments destinés à réunir ou à abriter un plus ou moins grand nombre d'individus.

Je viens aujourd'hui signaler l'un des plus heureux avantages de l'emploi des bétons, qui est de permettre une ventilation complète, économique et facile à établir.

Voici comment je procède :

Quand j'élève des murs d'une certaine épaisseur, j'établis dans l'intérieur des moules dans lesquels j'agglomère le béton, un calibre ou mandrin qui s'enlève après le moulage, et laisse dans le mur un espace vide.

Si je multiplie l'emploi de ces mandrins ou calibres dans tous les murs de la construction, et que je les établisse à l'état continu du haut en bas, on conçoit que tous les murs pourront être percés à des intervalles très rapprochés et dans toute leur hauteur de tuyaux, en nombre illimité, qui formeront comme une espèce de jeu d'orgue pour la ventilation.

Parmi ces nombreux tuyaux, les uns serviront de gaines pour les cheminées, économisant ainsi les tuyaux ordinaires en briques ou en fonte, les autres serviront de gaines pour l'eau chaude des calorifères, d'autres enfin pourront être mis en communication avec l'air ambiant pour amener de l'air froid à l'intérieur, ou bien enfin un certain nombre d'entre eux pourront être mis en communication avec des ventilateurs, ou serviront à les remplacer en faisant eux-mêmes appel comme des cheminées.

Ce système d'assainissement et de ventilation a pour avantage de pouvoir multiplier à l'infini les appels d'air et ces bouches de chaleur sans nuire en rien à la solidité du bâtiment, que je suppose à l'état monolithique, et ce mode de construction est d'autant plus important, que cette ventilation énergique peut être obtenue sans être apparente, et par conséquent sans nuire aux décorations et ornementations, quelles qu'elles soient.

De plus, ce système s'établira sans aucune dépense, puisque le béton économisé par les trous payera la main-d'œuvre, et l'on sait ce que coûtent les moindres appareils de chauffage et de ventilation.

Une autre application de mon béton plastique aura pour objet la fabrication des pierres et meules à aiguiser, dans lesquelles on pourra introduire des sables de grosseurs variées ou des matières plus ou moins dures remplaçant le sable, telle que l'émeri, par exemple.

Enfin j'indique encore ici que l'on pourra faire l'application de mes procédés de préparation et d'agglomération à l'art métallurgique, et notamment au procédé décrit dans le brevet de MM. Muller et Lencochey.

Dans mes procédés de fabrication des bétons plastiques, il suffira de remplacer le sable ordinairement employé par les minerais pulvérisés quelconque dont on voudra opérer la réduction.

On ajoutera aussi une quantité convenable et calculée de charbon en poudre, coke, anthracite, charbon de bois, houille, ainsi que les matières accessoires également en poudre, sauf la chaux, qui sont nécessaires pour la formation du laitier.

On agglomérera dans un moule cette pâte plastique, par couches minces et par le choc d'un corps, de la même manière que l'on fait pour le béton aggloméré.

De cette sorte on obtiendra une pierre dure, contenant toutes les matières propres à obtenir une bonne fusion et la réduction des métaux que l'on veut extraire.

Ayant ainsi exposé l'objet de mon perfectionnement, je revendique, conformément à la loi, l'annexion à mon privilège principal de :

1° L'emploi exclusif du ciment en pâte étendu avec une quantité d'eau beaucoup moins grande qu'à l'ordinaire, ce ciment étant obtenu en l'humectant légèrement et le broyant avant que la prise ne commence, de manière à obtenir une pâte ferme et plastique.

Il me sera facultatif d'employer le ciment dans cet état nouveau, quels que soient les travaux que l'on veuille exécuter.

2° L'application nouvelle à la fabrication des bétons de ciment et de l'emploi nouveau du double broyage, avec repos entre les deux broyages qui sont opérés au moment même où la prise se manifeste ; ce mode de travail étant adopté, comme je l'ai indiqué, comme moyen de retarder la prise et d'introduire une plus grande quantité de sable que par les procédés ordinaires.

Je puis, en effet, employer jusqu'à six parties de sable pour une de ciment, tandis que par les procédés ordinaires on emploie une à deux parties de sable pour une de ciment.

3° Le traitement spécial des bétons de ciment de la même manière que j'emploie pour les bétons de chaux, c'est-à-dire avec un système de broyage énergique et avec compression, pour obtenir des bétons de ciment dont l'état ferme et plastique est dû à l'absence d'un excès d'eau et au surbroyage, qui donne une prise marbreuse beaucoup plus intense, et permet l'agglomération qu'il est impossible de réaliser avec les mortiers de ciment obtenus par les procédés ordinaires.

L'agglomération s'obtient par le choc multiplié d'un corps dur et pesant, de la même manière que pour le béton de chaux ;

4° Le béton à base de ciment pur et sans mélange de chaux, que l'on n'a jamais obtenu et qui constitue un produit industriel essentiellement nouveau, puisqu'il est assez plastique pour se mouler facilement à la main au sortir du broyeur, de manière à former des boules par le pétrissage de la main, boules qui offrent une résistance très sensible à l'arrachement, tandis que les mortiers de ciment ordinaire sont presque liquides et sans consistance.

5° L'application nouvelle de l'agitation ou retard de la prise des ciments pendant un certain nombre d'heures, tandis que jusqu'à ce jour on ne possédait aucun moyen de retarder cette prise qui était presque instantanée, ce qui, en certains cas, présentait les plus graves inconvénients.

6° L'application nouvelle de mon système de béton pour établir des théâtres, églises, ateliers, usines et lieux de réunion quelconque, avec des murs évidés permettant une ventilation facile et un chauffage commode et économique; il me sera facultatif de varier les systèmes de ventilation et de chauffage adoptés.

7° L'application de mon système de fabrication de béton plastique pour constituer des pierres et meules à aiguiser, à l'aide de l'introduction d'émeri et autres matières dures en addition, ou même en substitution du sable fin employé d'ordinaire.

8° L'application de mes procédés pour former des blocs agglomérés, composés de minerais et de combustibles qui se trouvent réunis avec toutes autres matières convenables pour que la fusion du minerai soit parfaitement obtenue dans les hauts-fourneaux et fours convenables, et que l'on obtienne le métal dans de bonnes conditions.

Il est important d'observer ici que la chaux joue, dans ces blocs, le double rôle de castine et de matière agglomérante.

A l'aide des morceaux de ces agglomérés d'un nouveau genre, on pourra obtenir tous métaux, tels que fer, zinc, étain, plomb, cuivre, etc.

BÉTONS PLASTIQUES

ADDITION

AU BREVET DU 10 NOVEMBRE 1859 (N° 42,776)

COIGNET

DEMANDE

D'UN CERTIFICAT D'ADDITION

AU BREVET DU 10 NOVEMBRE 1859 (N° 42,776)

POUR LA PRÉPARATION NOUVELLE ET LES MOYENS NOUVEAUX DE PRÉPARATION, ET LES APPLICA-
TIONS GÉNÉRALES ET PARTICULIÈRES D'UN NOUVEAU GENRE DE BÉTON DIT BÉTON PLASTIQUE,

Par M. COIGNET (François), manufacturier à Paris

MÉMOIRE DESCRIPTIF

J'ai déjà indiqué dans mon brevet principal qu'il était avantageux de dessécher les sables par l'action de la chaleur et que ce procédé avait l'avantage de fournir des sables
dont la chaleur augmentait considérablement la rapidité de la prise des bétons et leur
faculté de résister promptement aux gelées. Les recherches et les travaux auxquels je me
suis livré depuis la prise de mon brevet principal me permettent de développer aujour-
d'hui toute l'importance de cette pratique et d'affirmer que l'on peut obtenir les mêmes
résultats de rapide prise par l'action seule de la chaleur employée de toute façon, soit
pour chauffer préalablement les matériaux avant leur mise en travail, soit pour les
chauffer au moment même ou l'on opère leur broyage lorsqu'ils sont déjà mélangés.

La présente addition a donc pour objet de signaler l'emploi de la chaleur pour augmenter la rapidité de la prise des bétons et leur prompte résistance aux gelées. Elle a également pour but d'indiquer les applications nouvelles et importantes qui résultent de cet emploi de la chaleur dans ces conditions pratiques et faciles.

On voit, par ce que je viens de dire, que l'action de la chaleur est double lorsqu'on l'applique aux sables humides, car en outre de son action pour dessécher ces matières trop humides, elle agit encore spécialement pour accélérer la prise du béton; c'est ce dernier effet que nous obtenons seul par les moyens d'application de la chaleur que nous allons indiquer.

On peut chauffer les bétons pendant leur broyage en introduisant de la vapeur ou de l'air chaud dans les broyeurs, ou bien l'on peut chauffer directement le broyeur, soit à feu nu, soit par l'action de la vapeur agissant dans un double fond du broyeur ou dans des serpentins placés à l'intérieur du broyeur. Dans le cas où l'on introduit la vapeur au broyage, cette introduction doit avoir lieu de préférence pendant le premier broyage, au contact même de la chaux éteinte en poudre, ce qui permet de réduire la quantité d'eau nécessaire pour amener la poudre de chaux à l'état de pâte en proportion de la quantité de vapeur introduite.

Au second broyage, et surtout lorsque l'on introduit du ciment, il faut toujours obtenir le béton à l'état ferme et plastique; mais comme la prise est presque instantanée, il convient d'employer le béton au sortir même de l'appareil, sans perdre une minute.

La préparation des bétons, en employant la chaleur, s'applique particulièrement à la confection des trottoirs et des chaussées, surtout en hiver, comme afin d'obtenir une prise extrêmement rapide pouvant résister aux gelées.

On peut également tirer bon parti de mon procédé pour construire toutes espèces de maçonnerie à l'air en plein hiver, à la condition toutefois qu'au sortir du moule on aura soin de couvrir la maçonnerie avec des toiles goudronnées ou autrement, de façon à empêcher le refroidissement par l'air ou par le contact de l'eau des pluies.

Par ces nouveaux moyens on obtient en fort peu d'heures une maçonnerie assez dure pour n'avoir plus rien à redouter des intempéries.

On peut également tirer un grand parti de cette innovation pour les grands travaux d'hydraulique qui exigent une prise presque instantanée, et notamment pour les travaux à la mer exécutés conformément au brevet que j'ai pris à la date du 29 octobre 1859, sous le n° 42,630, ce qui permettra d'immerger le lendemain le bloc que l'on aura fait la veille.

Ayant ainsi exposé l'objet de mon addition, je revendique, conformément à la loi, l'annexion à mon privilège exclusif:

1° De l'emploi de la chaleur dans la préparation des bétons pour en activer la prise, quel que soit le mode adopté pour fournir cette chaleur aux bétons et le moment choisi pour l'appliquer;

2° De l'application de la chaleur à mes bétons plastiques pendant le premier broyage, comme il a été exposé, soit par l'introduction de la vapeur ou de l'air chaud, soit par le chauffage à nu, ou par double fond ou serpentin;

3° De l'application de la chaleur aux matières mêmes qui doivent entrer dans la composition de mes bétons, afin d'obtenir une grande rapidité de prise indépendamment de toute action de dessication de ces matières et de tous autres avantages plus haut exposés;

4° De l'application nouvelle de ce genre de béton chaud à la confection des trottoirs, des chaussées et des bétons à la mer, cette application permettant de réaliser de considérables économies de temps et de main-d'œuvre et d'exécuter des travaux impossibles par tout autre procédé.

Paris — Typographie de Ch. Meyrueis et Cie, rue des Grès, 12.